Julio Iglesias:
La voz que conquistó el mundo

COLECCIÓN
LEGADOS

En *Legados,* cada libro es un viaje íntimo al corazón de una existencia. Biografías reveladoras, memorias conmovedoras, diarios y autobiografías luminosas componen esta colección dedicada a quienes transformaron su tiempo y dejaron una marca indeleble en la historia, el arte, la ciencia o la vida cotidiana.

Aquí se reúnen las voces de quienes vivieron intensamente, pensaron con hondura, sintieron con verdad. Desde grandes personajes públicos hasta figuras anónimas con historias memorables, *Legados* celebra el poder de la experiencia humana cuando se convierte en palabra escrita.

Una colección para los que creen que cada vida bien contada es una lección de coraje, una chispa de inspiración y una forma de eternidad. Porque toda existencia humana merece ser contada. Y recordada.

LUCÍA FABRA

Julio Iglesias:

La voz que conquistó el mundo

ALCARAZ
EDICIONES

© Alcaraz Ediciones, 2025
© Lucía Fabra,2025
© Mare Nostrum, 44
46420 – El Perelló
Sueca, Valencia
Teléf.: (+34) 910 46 54 33
e-mail: info@ alcarazediciones.es
https://alcarazediciones.es

I.S.B.N.: 979-13-87586-46-1

Diseño y maquetación: Iván García Molinero
Printed in Spain / Impreso en España

ÍNDICE

Prólogo 9

La leyenda de una voz irrepetible 9

Primera Parte – El hijo del doctor:
orígenes de un ídolo 13

1. Madrid, 1943: un niño entre ruinas 13

2. De promesa blanca a joven roto 16

3. Nace un cantante: la vida sigue igual 19

Segunda Parte – Ascenso fulgurante: la
conquista de Europa y América 23

4. Eurovisión y la Europa romántica 23

5. América Latina: un galán universal 26

6. Isabel Preysler: el príncipe se casa 30

Tercera Parte – Globalización: la voz más
escuchada del planeta 35

7. Miami: capital del imperio Iglesias 35

8. De Sinatra a Willie Nelson: duetos de oro 38

9. El hombre de los récords 42

10. El novio de España 45

11. Hijos no reconocidos: la historia oculta 49

12. Enrique Iglesias: entre la distancia y el espejo 52

13. Giras infinitas, escenarios históricos 56

14. Premios, homenajes y eternidad 59

15. Julio Iglesias: marca, hombre y símbolo 62

EPÍLOGO 67

Cuando la voz se convierte en patria 67

APÉNDICES 73

A. Cronología de vida y carrera 75

B. Discografía completa y versiones internacionales 78

Álbumes de estudio, en español, inglés y otros idiomas
– ordenados cronológicamente 78

C. Colaboraciones y duetos legendarios 80

Duetos emblemáticos (selección) 80

Álbumes recopilatorios con dúos y colaboraciones 81

D. Premios, discos de oro y reconocimientos oficiales 82

Premios más destacados 82

Discos de oro y platino 83

Récords Guinness y marcas históricas 83

Reconocimientos oficiales y estatales 83

E. Bibliografía y fuentes documentales 85

PRÓLOGO

La leyenda de una voz irrepetible

E n el vasto universo de la música popular del siglo XX, pocos resuenan con la fuerza, la constancia y el magnetismo del nombre de Julio Iglesias. Su voz, inconfundible y envolvente, ha sido la banda sonora de generaciones en los cinco continentes. Sus canciones —susurradas en español, inglés, francés, italiano, portugués y hasta en japonés— cruzaron fronteras, idiomas y prejuicios para instalarse, con naturalidad, en el corazón del público mundial.

Más de 300 millones de discos vendidos, más de 2.600 discos de oro y platino, conciertos en más de 80 países y una carrera de casi sesenta años no son solo cifras: son huellas de un fenómeno cultural y humano. En 2013, el *Libro Guinness de los Récords* lo reconoció como el "artista latino que más discos ha vendido en la historia". Y no era la primera vez que una institución internacional se rendía ante el hombre nacido en Madrid el 23 de septiembre de 1943.

Julio Iglesias no solo ha sido una voz. Ha sido una presencia, un estilo, un símbolo de romanticismo en una era que muchas veces ha olvidado la ternura. En su tono melódico, en su timbre ligeramente quebrado —ese que él mismo definía como "voz de lija fina"— había algo más que notas musicales: había verdad, nostalgia, deseo. "Yo no canto con la voz, canto con el alma", declaró en una entrevista en Miami en 1982. Y tal vez sea esa la clave de su universalidad.

Su historia no es la de un músico prodigio desde la infancia, sino la de un hombre que sufrió un accidente devastador a los 20 años, que vio esfumarse su sueño de ser portero del Real Madrid, y que, desde una cama de hospital, aprendió a acariciar una guitarra como quien acaricia la esperanza. "La guitarra me salvó. Me dio un motivo. Sin ella, no sé qué habría sido de mí", dijo en una conversación con la prensa argentina en 1975.

Julio convirtió esa herida en impulso. Y desde entonces, todo fue despegue. Festival de Benidorm en 1968, Eurovisión en 1970, y el mundo a sus pies en menos de una década. América Latina lo adoró, Europa lo adoptó, y Estados Unidos lo premió. Fue el primer cantante latino en alcanzar el número uno en las listas anglosajonas sin renunciar a su acento ni a su estilo. Cuando cantó *To All the Girls I've Loved Before* con Willie Nelson en 1984, no solo rompió récords de ventas: rompió barreras culturales.

Pero Julio Iglesias fue también el rostro de una época, el eterno "novio de España", el galán de mirada suave, el amante melancólico que cantaba "Me olvidé de vivir" mientras medio mundo soñaba con su voz. Amado, envidiado, criticado, imitado. Y, aun así, único.

Este libro no busca santificarlo ni condenarlo. Pretende retratar al hombre, al artista, al mito. Al que fue fiel a su estilo, incluso cuando las modas cambiaban. Al que se distanció de sus hijos pero no de sus canciones. Al que conquistó más países que muchos imperios y dejó una huella imborrable en cada escenario donde pisó.

"Soy un truhán, soy un señor... y casi siempre se me nota", cantó. En esa confesión lúdica y lúcida cabe buena parte de su vida. Julio Iglesias no pidió permiso para ser lo que fue. Y por eso, lo sigue siendo.

PRIMERA PARTE – EL HIJO DEL DOCTOR: ORÍGENES DE UN ÍDOLO

1. Madrid, 1943: un niño entre ruinas

Julio José Iglesias de la Cueva nació el 23 de septiembre de 1943, en el Hospital de Maternidad de Madrid, mientras España aún respiraba el aire enrarecido de la posguerra civil. Era un país herido, silencioso, con las cicatrices aún abiertas y el porvenir hipotecado. En ese contexto sombrío, llegaba al mundo un niño que, con el tiempo, se convertiría en la voz que haría cantar —y suspirar— a millones.

Sus padres, Julio Iglesias Puga, un joven médico gallego, y María del Rosario de la Cueva y Perignat, hija de una familia acomodada, le dieron el nombre con el peso de una estirpe: Julio como el padre, José como el abuelo. El futuro cantante nació en una España gris, pero lo hizo en el seno de una familia de clase media-alta, con vínculos profesionales, sociales y culturales que le permitirían una educación privilegiada en una época difícil para la mayoría.

Madrid, en aquel entonces, era un laberinto de silencios. Las cartillas de racionamiento aún estaban en vigor, y el estraperlo convivía con la fe católica, la radio de onda corta y los cánticos del Régimen. En medio de esa realidad, la infancia de Julio transcurrió en el barrio de El Viso, una de las zonas más distinguidas de la capital, donde compartía juegos con niños de buena familia, y desde donde, sin saberlo, comenzaba a prepararse para la fama.

El padre de Julio, Julio Iglesias Puga, era un personaje que bien podría protagonizar su propia biografía. Gallego de nacimiento, médico de profesión, fue un hombre tenaz, carismático y de carácter férreo. Se convirtió en ginecólogo de prestigio, trabajó en hospitales públicos y privados, y gozó de gran proyección mediática incluso en la vejez, cuando volvió a los titulares por un polémico secuestro por parte de ETA en 1981, y más tarde por convertirse en padre de nuevo pasados los noventa años.

Julio hijo siempre se refirió a él con admiración y ambivalencia. "Mi padre fue un hombre que me enseñó la exigencia, pero también me hizo sentir que nunca era suficiente", dijo en una entrevista en 2002. Fue una figura de peso, más temida que cercana, pero esencial en la construcción del carácter del artista. Su disciplina y su fe en la superación personal marcaron a fuego al joven Julio.

Su madre, Rosario, fue el contrapunto: una mujer refinada, discreta, sensible, protectora. En ella encontró el cantante un vínculo de ternura más estable, un anclaje emocional en medio de una vida que, desde muy joven, lo empujaría hacia el escenario y el desarraigo. Julio Iglesias fue alumno del Colegio del Pilar, una de las instituciones educativas más elitistas de Madrid, dirigida por los marianistas. Allí cursó la primaria y el bachillerato, rodeado de hijos de empresarios, políticos y aristócratas. Compartió aulas con José María Aznar, futuro presidente del Gobierno, y con varios herederos de familias influyentes. El Pilar era más que un colegio: era un semillero de élites. Allí se cultivaba la fe, el deber y la excelencia. Aunque no fue un alumno brillante, sí destacó por su sociabilidad, su simpatía natural y, sobre todo, por su habilidad deportiva. Alto, atlético, con reflejos felinos, pronto despuntó como portero en los equipos de fútbol del colegio. "Me gustaba parar más que cantar, y me decían que tenía futuro bajo los palos", recordaría años después con una sonrisa.

Fue también en esos años cuando comenzó a sentir una especial atracción por la poesía. Leía a Gustavo Adolfo Bécquer, a Rubén Darío, a Juan Ramón Jiménez. Tenía cuadernos con versos sueltos y frases que más tarde se transformarían en canciones. Aún no lo sabía, pero el artista comenzaba a germinar en la intimidad de su pupitre.

El colegio marcó su formación, pero también alimentó su deseo de libertad. La rigidez académica y religiosa chocaba con su temperamento expansivo, con su deseo de explorar el mundo. En el joven Julio convivían el niño bien educado y el adolescente inconformista. El futuro artista ya palpitaba, aunque en silencio.

2. De promesa blanca a joven roto

Antes de ser una voz, Julio Iglesias fue reflejo, salto y valentía bajo una portería. A mediados de los años 60, con apenas veinte años, se abría camino como portero del equipo juvenil del Real Madrid, y más tarde del Castilla, el filial del club blanco. Alto, espigado, con una agilidad envidiable, era considerado un guardameta prometedor. "Tenía unos reflejos extraordinarios. Si no hubiera sido cantante, podría haber llegado lejos como futbolista", declaró años después el legendario entrenador Miguel Muñoz, quien seguía de cerca su evolución.

Julio entrenaba a diario en la Ciudad Deportiva del club y compartía vestuario con jóvenes talentos que soñaban con debutar en el Bernabéu. Su referente era José Araquistáin, portero del primer equipo, al que observaba con devoción desde la banda. También admiraba a Lev Yashin, el mítico portero soviético apodado la Araña Negra. "Me fascinaba su manera de dominar el área, de anticiparse al peligro. Yo soñaba con ser como él", confesó en una entrevista en los años 80.

Era una época de ilusión. De entrenamientos intensos, de partidos en campos de tierra, de viajes en autobús con la camiseta aún sudada. Pero también de sueños intactos. En su entorno más cercano se hablaba ya de un futuro en el primer equipo. Sin embargo, la vida tenía otros planes.

El 22 de septiembre de 1962, víspera de su cumpleaños número 19, todo cambió en un instante. Julio viajaba de madrugada con unos amigos por la carretera de Majadahonda, en las afueras de Madrid, cuando el coche en el que iba sufrió un accidente brutal. Los detalles aún son confusos, pero lo cierto es que el impacto fue tal que los médicos no creían que volviera a caminar. Se le diagnosticó una paraplejia parcial, y estuvo meses sin sensibilidad en las piernas.

"Cuando desperté en el hospital, no sentía nada de la cintura para abajo. Pensé que mi vida se había terminado", recordaría con voz entrecortada en una entrevista para *TVE*. Durante los dos años siguientes, permaneció ingresado en el Hospital Eloy Gonzalo, sometido a una rehabilitación lenta y dolorosa. Pasó semanas enteras postrado, rodeado de silencio, resignación y morfina. Su padre, el doctor Iglesias Puga, se volcó en su recuperación, recurriendo a tratamientos experimentales y a su red de contactos médicos. "Mi padre no me dejó caer en la desesperación. Fue duro conmigo, pero me salvó", reconocería el propio Julio. La medicina, la familia y la juventud hicieron su parte. Pero también lo hizo algo inesperado: la música.

Uno de los enfermeros del hospital, viendo el abatimiento del joven Julio, le regaló una guitarra. No era nueva ni estaba afinada, pero fue el primer paso hacia una redención insospechada. "Empecé a tocar por puro aburrimiento, pero poco a poco me fui enamorando del sonido, de las palabras, de lo que podía contar con una canción", dijo.

En aquel cuarto de hospital, entre sondas y vendajes, nació el cantante que el mundo aún no conocía. Escribía letras en servilletas, componía melodías en la cabeza y las cantaba bajito para no despertar a los demás pacientes. Leía poesía y escuchaba a cantautores franceses. Descubría un mundo íntimo, melódico, lleno de emociones que nunca había explorado.

En 1966, cuando por fin logró volver a caminar con dificultad, había dejado atrás al portero del Castilla y había empezado a esbozar al artista. Fue un renacimiento físico y espiritual. "Perdí las piernas, pero gané un alma nueva", declararía años más tarde con crudeza poética.

Lo que parecía una tragedia irreversible se convirtió en un giro providencial. La vida le había cerrado una puerta y le abrió un escenario. Aún no era famoso. Aún no había cantado en Benidorm. Pero ya sabía lo que era empezar desde cero. Y, sobre todo, sabía que su voz podía sanar lo que el cuerpo había perdido.

3. Nace un cantante: la vida sigue igual

En el año 1968, todavía convaleciente en cuerpo, pero ya firme en su voluntad de reinventarse, Julio Iglesias escribió una canción que sería el primer peldaño de su ascenso: "La vida sigue igual". Era un tema sencillo en su estructura, melancólico en su letra, pero cargado de una fuerza íntima, autobiográfica. Era, en realidad, su manifiesto.

"Con un poco de amor es posible olvidar…", decía el estribillo, y en esos versos se condensaba todo: la frustración del deportista caído, la resiliencia del joven que se rehace, la promesa de un futuro aún sin rostro. Aquella canción —que escribió en su habitación, casi como un lamento— fue el revulsivo que lo llevó a presentar su candidatura al X Festival Internacional de la Canción de Benidorm, una vitrina fundamental para los cantautores emergentes de la España de los años sesenta.

Julio no tenía experiencia en grandes escenarios. No tenía aún disco, ni mánager, ni padrinos. Pero tenía una canción, una guitarra, y una historia que contar. "Lo único que me movía era la necesidad de expresarme, de decir que seguía vivo", explicaría décadas después. Subió al escenario con nervios, pero también con una determinación inédita.

Y entonces sucedió.

El 17 de julio de 1968, el jurado del Festival de Benidorm le otorgó el primer premio por "La vida sigue igual". El auditorio estalló en aplausos. El joven desconocido, de porte elegante y voz tibia, había conmovido al público con una balada que parecía escrita para todos. Aquel triunfo no solo le dio un trofeo. Le cambió la vida. En apenas semanas firmó un contrato con Columbia Records (CBS) y grabó su primer disco, titulado también *La vida sigue igual*. "Fue como entrar en otra dimensión. Pasé de cantar en mi cuarto a tener un micrófono profesional delante y gente que me miraba como si fuera alguien", recordaría en una entrevista.

El éxito fue inmediato. El tema se convirtió en himno generacional y empezó a sonar en radios de toda España. Era el año en que los Beatles cantaban *Hey Jude* y Joan Manuel Serrat publicaba *La paloma*. La música vivía un momento de transición. Y Julio, sin proponérselo, trajo una forma de cantar más emocional, más íntima, a un país acostumbrado a las grandes orquestas y al folclore patriótico.

Columbia apostó por él. Grabó sus primeras canciones con arreglos sencillos y portada seria. Nada en su imagen era impostado. No necesitaba artificios: la voz y el aura bastaban. En ese primer disco, además del tema homónimo, destacaban títulos como *Tenía una guitarra* o *No puedo más*, que anticipaban el estilo confesional que lo acompañaría toda su carrera.

Julio Iglesias comenzó entonces a componer de forma compulsiva. Escribía de madrugada, en hoteles, en trenes, en servilletas. En sus letras había nostalgia, deseo, miedo, ternura. No era un letrista revolucionario, pero sí auténtico. Escribía lo que sentía, sin pretensiones. Y eso, curiosamente, conectaba con el alma de millones.

"Yo no tengo una gran voz. Lo que tengo es sentimiento. Y si hay algo que siempre busqué es emocionar", declaraba en 1971 en una entrevista para la revista *Hola*. Y lo lograba. Porque sus canciones hablaban de pérdidas, de reencuentros, de silencios que todos conocían. Y porque en cada palabra parecía haber vivido lo que cantaba.

En esos primeros años, lloró más de una vez sobre el escenario. No por fragilidad, sino por desahogo. Aquel joven que había sentido el frío de la parálisis y el peso del anonimato, ahora empezaba a vivir lo que sería su vida durante las siguientes cinco décadas: la de un hombre perseguido por los focos y abrazado por multitudes.

Y todo empezó con una guitarra, una canción y un dolor que se transformó en música.

SEGUNDA PARTE – ASCENSO FULGURANTE: LA CONQUISTA DE EUROPA Y AMÉRICA

4. Eurovisión y la Europa romántica

Apenas dos años después de ganar el Festival de Benidorm, Julio Iglesias representaba a España en el mayor escaparate musical de Europa: Eurovisión 1970, celebrado en Ámsterdam. La canción elegida fue *Gwendolyne*, una balada melódica, compuesta por el propio Julio y dedicada a un amor juvenil que marcó su adolescencia.

"Gwendolyne era una chica francesa, muy dulce, que conocí cuando estudiaba en Cambridge. Fue mi primer amor serio. Le escribí la canción como despedida", explicó años más tarde. La letra hablaba de una pérdida envuelta en ternura: "Gwendolyne, Gwendolyne / mi amor, mi dulce amor". La interpretación, sobria y sentida, le valió el cuarto puesto en el certamen, por detrás de Irlanda, Reino Unido y Alemania, pero el verdadero premio fue otro: Europa comenzaba a mirarlo con fascinación.

Aunque no ganó, la actuación fue el trampolín perfecto para su proyección internacional. Su imagen —traje oscuro, cabello ondulado, sonrisa franca— cautivó a un público que veía en él algo distinto: no era el intérprete latino exuberante, sino un cantante de sensibilidad contenida, elegante y universal.

Tras Eurovisión, *Gwendolyne* se publicó en varios idiomas —francés, alemán, italiano e inglés—, y fue número uno en ventas en Francia y Alemania, consolidando la idea de que Julio era más que una promesa: era un fenómeno en expansión.

En los años siguientes, Julio Iglesias se convirtió en uno de los artistas más radiados del continente europeo. Grabó en francés temas como *Je n'ai pas changé*, *Un sentimental* y *Pauvres diables* (versión de *Pobre diablo*), que fueron éxitos rotundos en las emisoras de París, Marsella y Bruselas. Su pronunciación —nunca perfecta— fue, paradójicamente, parte de su encanto. "Yo no canto en francés, canto en 'julianés'", bromeaba él mismo.

En Italia, donde el público ama a los cantantes con alma, Julio se metió al país en el bolsillo. Colaboró con Mina y Lucio Dalla, y versionó temas italianos con enorme éxito. En Alemania, vendía miles de discos sin apenas promoción, y su imagen aparecía con regularidad en las portadas de *Bravo* y *Stern*.

Europa lo abrazó como uno de los suyos, sin importar el idioma. Su estilo era romántico, pero sobrio; apasionado, pero sin caer en lo melodramático. Tenía el don de lo reconocible y lo cercano, incluso para oyentes que no hablaban español. Era, sin saberlo, el embajador perfecto del bolero moderno y de una España renovada que comenzaba a dejar atrás sus complejos.

El éxito de Julio en Europa no fue solo musical, sino también simbólico. Representaba una nueva masculinidad para el imaginario romántico del siglo XX: sensible, emocional, galante, segura sin necesidad de imponerse. Su figura contrastaba con el cantante viril y dominante de décadas anteriores. Julio no gritaba su pasión: la susurraba, y eso generaba una atracción más duradera.

Era un hombre que lloraba en sus canciones, que hablaba del abandono, del amor que se va, de la ausencia. Pero lo hacía desde una estética cuidada, elegante, sin aspavientos. "No tengo la voz más potente, pero sí la más sincera", afirmaba.

Esa masculinidad matizada, vulnerable, fue especialmente celebrada por el público femenino. Se convirtió en un icono sexual de la Europa setentera, deseado pero también respetado. "Julio era como el amante imposible de toda una generación", escribió una periodista de *Paris Match*. Su elegancia, su acento extranjero, su andar pausado y su mirada profunda alimentaban una mitología que trascendía la música. El cantante romántico, el latino melancólico, el caballero de voz de terciopelo. Europa no solo lo escuchaba: lo necesitaba.

5. *América Latina: un galán universal*

A principios de los años 70, cuando Julio Iglesias comenzaba a consolidarse en Europa, su discográfica entendió que el verdadero campo de conquista estaba al otro lado del Atlántico. Su música —romántica, directa, melódica— encajaba perfectamente con el gusto del público latinoamericano. El primer destino fue Argentina, un país que pronto se convertiría en uno de sus pilares afectivos y artísticos.

Julio llegó a Buenos Aires en 1971, con un puñado de éxitos europeos y una timidez apenas disimulada por su porte elegante. Fue invitado a programas televisivos de gran audiencia, como *Sábados Circulares*, donde cantó *Gwendolyne* y *La vida sigue igual* frente a una audiencia entregada. El flechazo fue inmediato. "El público argentino me abrazó como si fuera uno de ellos. Nunca lo olvidaré", diría años más tarde.

En sus primeras giras por el país, actuó en teatros y salas medianas. Pero en apenas un par de años, llenaría estadios. Se presentó en el Luna Park, en el Teatro Gran Rex, y también en Mendoza, Córdoba y Rosario, ciudades donde fue recibido con pasiones cercanas al delirio. Las radios reproducían sus baladas una y otra vez; los kioscos vendían postales con su imagen, y las fans lo esperaban a la salida de los hoteles con cartas, flores y lágrimas.

Uno de sus momentos más simbólicos ocurrió en 1975, cuando al bajarse de un avión en Ezeiza dijo: "No soy español cuando piso Argentina: aquí soy de ustedes". Esa frase fue portada de diarios, y reafirmó el vínculo emocional con un país que lo adoptó como parte de su imaginario romántico.

Si Argentina lo consagró, México lo mitificó. Julio Iglesias no tardó en enamorarse del país azteca, de su gente, su tradición musical y su cultura del espectáculo. Grabó varias rancheras y temas populares mexicanos, como *La carretera*, *México lindo*, y *Échame a mí la culpa*, en los que adaptó su estilo a los ritmos locales sin perder su identidad.

En entrevistas, declaraba su admiración por José Alfredo Jiménez y por Javier Solís, y dijo en varias ocasiones: "México me enseñó que la tristeza se canta con dignidad". Su conexión con el país fue tan profunda que llegó a cantar en el emblemático Auditorio Nacional más de 20 veces a lo largo de su carrera, agotando localidades en todas ellas.

También Venezuela ocupó un lugar central en su trayectoria. Durante los años dorados de la televisión venezolana, Julio fue figura habitual de programas como *Sábado Sensacional*. Caracas lo recibió con entusiasmo desbordado. Cantó en el Poliedro, en hoteles cinco estrellas, y también en fiestas privadas de las élites del país. En 1976, el entonces presidente Carlos Andrés Pérez lo invitó a una recepción oficial. "Este hombre ha unido a América Latina con canciones", dijo el mandatario.

Julio, por su parte, definía su relación con Venezuela como "un romance con alma de bolero". Grabó allí discos, concedió entrevistas íntimas y se dejó querer. Su dominio del español neutro, su sonrisa siempre lista y su cercanía sin afectación le permitieron convertirse no en un extranjero, sino en un hijo de la casa en cada país latinoamericano.

Para los países latinoamericanos, Julio Iglesias representaba una mezcla irresistible de elegancia europea y sensibilidad iberoamericana. En una época donde la globalización aún era incipiente, él rompía barreras idiomáticas, cruzaba fronteras y vendía millones sin necesidad de estridencias. Su voz sonaba en todos los rincones: desde estaciones de radio rurales hasta fiestas de alta sociedad.

Más allá de las cifras, Julio supo interpretar el alma del romanticismo latinoamericano: la nostalgia, el amor imposible, la entrega total. En sus conciertos, cantaba con los ojos cerrados, el puño apretado y una lágrima a punto de caer. Sus shows eran experiencias casi teatrales, cargadas de simbolismo y seducción. "No necesito bailar ni saltar en el escenario. Lo mío es mirar a los ojos y decir te quiero", afirmaba.

En ciudades como Lima, Bogotá, Santiago de Chile o Santo Domingo, lo recibían como a un jefe de Estado. Le esperaban caravanas, periodistas, fanáticos y autoridades. En 1979 fue declarado Huésped Ilustre en Montevideo, y en 1981, el presidente de Panamá le entregó las llaves de la ciudad.

Su éxito en América Latina no fue solo musical, fue emocional, identitario, íntimo. Se convirtió en el cantante de las madres, de las novias, de los abuelos, de los adolescentes enamorados y de las mujeres que, en secreto, suspiraban con sus letras. Julio era el galán universal. Y, para millones, el amor tenía su voz.

6. Isabel Preysler: el príncipe se casa

A comienzos de los años 70, Julio Iglesias ya no era solo un cantante exitoso: era el hombre más deseado de España, el nuevo galán nacional, el rostro de un romanticismo sofisticado que contrastaba con el viejo folclore. Su vida privada, hasta entonces bastante discreta, dio un giro en 1971, cuando se casó con Isabel Preysler, una joven de origen filipino, ex azafata de televisión y belleza exótica que deslumbraba por su elegancia natural.

La boda, celebrada el 29 de enero de 1971 en Illescas, Toledo, fue un acontecimiento mediático de primer orden. España, aún en dictadura pero ya asomada a la modernidad, se rindió al *glamour* de una pareja que parecía sacada de una película. "Fue la primera vez que sentí que no podía escapar de la atención pública", confesaría Julio años después.

La prensa del corazón no tardó en bautizarlos como "la pareja perfecta": él, el cantor del amor; ella, el símbolo de una nueva feminidad refinada, discreta y moderna. "Estábamos enamorados, jóvenes y con toda la vida por delante", recordó Isabel en una entrevista para *¡Hola!* en 1998.

Durante los primeros años, Isabel acompañó a Julio en muchas giras, pero pronto el ritmo de la carrera del artista comenzó a marcar distancia. Él vivía entre aviones y estudios de grabación; ella echaba raíces en Madrid, enfocada en su familia y su creciente popularidad como referente del estilo.

El matrimonio Iglesias-Preysler dio como fruto tres hijos que también serían conocidos por el gran público: María Isabel (Chábeli), nacida en 1971; Julio José, en 1973; y Enrique Miguel, en 1975. Desde pequeños, los niños crecieron bajo el foco mediático, convertidos en herederos de un apellido legendario.

Chábeli se convirtió en uno de los rostros más fotografiados de la prensa rosa en los años 80 y 90; Julio José heredó el gusto por la música y emprendió su propia carrera como cantante melódico; Enrique, más reservado al principio, sería años después el que lograría igualar y, en algunos mercados, superar el éxito global de su padre.

Julio siempre fue un padre orgulloso, aunque ausente. "Mi gran fracaso fue no poder estar más tiempo con mis hijos", reconoció en 2003. Isabel, en cambio, asumió el rol de madre protectora y figura pública con naturalidad, construyendo su propio perfil social sin depender de la sombra de su exmarido.

La familia vivió entre Madrid, Miami y algunas escapadas puntuales a Filipinas. Las imágenes de los cinco juntos eran escasas, pero siempre alimentaban las portadas de revistas como *Diez Minutos, Semana* o *Lecturas*. El apellido Iglesias ya era una marca nacional.

Pero, con el paso de los años, el desgaste se hizo evidente. La carrera de Julio no cesaba de crecer, y con ello, sus compromisos. Los rumores de infidelidades comenzaron a circular en los mentideros del espectáculo. Isabel, aunque discreta, nunca desmintió ni confirmó. Su silencio se interpretaba como clase. "Yo sabía que no podía retener a un hombre como Julio. El mundo era demasiado grande para él", declararía décadas después.

La separación oficial llegó en 1978, tras siete años de matrimonio. La noticia fue una bomba mediática. Nadie lo esperaba. Fue la ruptura más comentada del año en España. *¡Hola!* le dedicó una portada con el título: "El final de una historia de amor que emocionó a todos". Julio, por su parte, evitó hablar del tema durante mucho tiempo, aunque en una entrevista con Jesús Hermida confesó:

"Lo intentamos. Pero al final, el amor no fue suficiente".

A pesar del divorcio, ambos mantuvieron una relación cordial. Julio siguió sosteniendo a su familia económicamente, y los hijos nunca hablaron mal de ninguno de los dos padres. Con los años, Isabel se convirtió en la reina de las revistas del corazón, con nuevos romances, fama y un estilo que marcó época. Julio siguió su vida, con más romances, más giras y más canciones.

La historia con Isabel Preysler no fue solo un capítulo sentimental: fue parte central de la construcción del mito Julio Iglesias. Porque con ella, y con aquella boda de cuento, nació el símbolo: el *crooner* elegante, el amante imposible, el hombre que le cantaba al amor mientras el suyo se escapaba entre las manos.

TERCERA PARTE –
GLOBALIZACIÓN: LA VOZ MÁS
ESCUCHADA DEL PLANETA

7. *Miami: capital del imperio Iglesias*

A comienzos de los años 80, Julio Iglesias tomó una decisión clave: establecer su residencia en Miami, lejos del bullicio europeo y de la atención constante de la prensa española. Florida no solo ofrecía sol, privacidad y proximidad con América Latina; también era el epicentro de la industria musical latina en Estados Unidos, un enclave ideal para quienes, como él, aspiraban a conquistar el mundo entero.

Se instaló en una mansión frente al mar en Indian Creek, apodada por algunos medios "el búnker de Julio", donde diseñó una vida a medida: estudio de grabación privado, rutina controlada, entrenamientos, seguridad, y un entorno pensado para la creación. Desde allí, dirigiría su carrera con visión empresarial y proyección global.

"Miami me dio lo que necesitaba: paz y distancia para pensar en grande", dijo en una entrevista con *The New York Times* en 1984. Desde esa ciudad, Julio planeó su salto definitivo al mercado anglosajón, sin renunciar al cariño del público hispano.

Durante esa década, Julio se reinventó. Cambió los trajes clásicos por un look más moderno y estilizado, suavizó su acento en entrevistas en inglés, trabajó con nuevos productores, y adaptó su estilo romántico a los gustos del público norteamericano. Grabó en inglés, francés, portugués, alemán e italiano, convirtiéndose en el cantante que más idiomas ha grabado en la historia.

En 1984 lanzó *1100 Bel Air Place*, su primer álbum íntegramente en inglés, que incluyó duetos históricos como *To All the Girls I've Loved Before*, junto a Willie Nelson, y *All of You*, con Diana Ross. El disco fue triple platino en EE.UU., vendió más de 10 millones de copias en el mundo y lo convirtió en una estrella global.

"No es fácil para un latino triunfar en Estados Unidos. Pero Julio lo logró porque es único", dijo Nelson. Ese año, Julio Iglesias fue el artista extranjero más vendido en la historia de la música estadounidense, superando incluso a The Beatles en algunos países.

Los arreglos de sus nuevas canciones eran más sobrios, más "americanizados": guitarras suaves, saxos melódicos, orquestaciones menos recargadas. Pero su sello —voz íntima, susurro contenido, mirada doliente— seguía intacto.

El romance con el mercado internacional no era solo estético: Julio entendía que la música debía adaptarse sin traicionar su esencia, y logró una alquimia perfecta. "Soy español, pero el amor se canta igual en cualquier idioma", decía con frecuencia.

Desde Miami, Julio también supo aprovechar el auge del mercado latino en EE.UU. y América. Fue pionero en ver lo que otros no advirtieron: que había millones de hispanohablantes dispuestos a consumir música en su idioma. "Julio Iglesias abrió las puertas del pop latino a nivel mundial", escribió *Billboard* en 1999.

Sus giras incluían paradas en Los Ángeles, Houston, Nueva York, Chicago y Miami, siempre con lleno total. Participó en especiales televisivos, colaboró con artistas latinos emergentes, y se convirtió en referente para una nueva generación de cantantes bilingües que soñaban con seguir sus pasos.

El impacto fue tan grande que, en 1983, el entonces presidente Ronald Reagan le entregó una distinción como "Embajador de la música latina". Julio respondió con una de sus frases más recordadas: "Si tengo una patria es la música, y si tengo una bandera es la emoción que compartimos al cantar".

Miami, más que un refugio, fue el centro de operaciones de un imperio musical y sentimental. Desde allí se consolidó no solo como artista, sino como marca global: discos, giras, negocios, derechos, colaboraciones. Julio no era ya solo un cantante: era una institución viva.

Y desde la capital del sol, el hombre que cantaba al amor siguió iluminando los corazones de millones.

8. De Sinatra a Willie Nelson: duetos de oro

Para un artista como Julio Iglesias, cuya voz ya era sinónimo de romanticismo en medio planeta, los años ochenta y noventa representaron la entrada en un salón reservado a los elegidos: el de quienes no solo triunfan en su idioma, sino que son reconocidos por las grandes leyendas de la música internacional. Fue entonces cuando empezó a cantar con los ídolos de su juventud, nombres consagrados como Diana Ross, Stevie Wonder, Paul Anka o Frank Sinatra. Con Ross grabó el sensual dúo *All of You* en 1984, un tema que sonó en las radios de medio mundo y que consolidó su imagen de crooner global. "Julio tiene una forma de cantar que no se parece a nadie. Es como si te susurrara al oído desde otra habitación", dijo Ross en una entrevista para la CBS.

Su colaboración con Stevie Wonder en *My Love* demostró que la voz aterciopelada de Julio podía adaptarse a ritmos soul con naturalidad. Paul Anka, por su parte, escribió y produjo para él varios temas, consciente del magnetismo único del español. En palabras de Anka: "Julio es la elegancia de Europa y la pasión de América Latina en una sola voz".

Pero el hito que marcaría para siempre su salto definitivo fue su colaboración con un tejano de voz quebrada y alma country: Willie Nelson.

En 1984, Julio Iglesias y Willie Nelson grabaron *To All the Girls I've Loved Before*, una canción sencilla, melancólica, casi confesional. Lo que parecía una curiosidad terminó siendo uno de los mayores éxitos de la década: número 1 en las listas de Billboard country, top 10 en el Hot 100, disco de oro en Estados Unidos y Canadá, y más de 5 millones de copias vendidas en todo el mundo.

El contraste entre las voces era irresistible: la dulzura grave y casi hablada de Nelson se fundía con el acento español y la elegancia melódica de Iglesias. "Jamás pensé que una canción mía sonaría en las radios de Nashville. Pero ocurrió, y fue gracias a Willie", dijo Julio con humildad. En los Grammy de ese año, ambos interpretaron la canción en directo. Fue una escena inolvidable: dos mundos, dos culturas, dos estilos unidos por el amor perdido. *To all the girls who cared for me... who filled my nights with ecstasy...* cantaban, y el público en pie aplaudía con emoción.

La canción no solo revitalizó la carrera de Nelson, también abrió para Julio las puertas del country, del público conservador estadounidense y de generaciones que hasta entonces lo desconocían. Fue su pasaporte definitivo al corazón de América.

Uno de los aspectos menos conocidos pero más sorprendentes de Julio Iglesias es su capacidad para cantar en múltiples idiomas. A lo largo de su carrera, ha grabado canciones en más de una decena de lenguas, incluyendo inglés, francés, alemán, portugués, italiano, tagalo, japonés e incluso indonesio.

"Cuando canto en otro idioma, no solo traduzco palabras. Intento entrar en el alma de ese pueblo", declaró en una entrevista a *Le Figaro*. Su versión francesa de *Je n'ai pas chan-*

gé, su portugués impecable en *Vinho de amor*, su inglés íntimo en *Crazy*, o su alemán contenido en *Abrazame* muestran que la música, en su caso, trasciende el idioma.

En Filipinas, su disco en tagalo se convirtió en un éxito inesperado, especialmente entre las generaciones mayores que lo recordaban como "el yerno de la nación" por su matrimonio con Isabel Preysler. En Japón, firmó discos y cantó ante audiencias que no comprendían sus letras pero que se emocionaban con su tono, su cadencia, su entrega.

En total, Julio Iglesias ha grabado más de 80 álbumes y vendido más de 300 millones de copias, un récord sin precedentes para un artista latino, y una muestra de su vocación planetaria. "No he querido ser famoso. He querido que me escuchen. Son cosas muy distintas", sentenció una vez.

Su paso por los estudios con Sinatra, con Dolly Parton, con Sting, con Art Garfunkel o con Plácido Domingo no fue una coincidencia. Fue el reconocimiento de los grandes a un igual. Julio no fue un invitado en el mundo de la música internacional: fue un anfitrión respetado.

9. El hombre de los récords

Pocos artistas en la historia de la música pueden presumir de haber vendido más de 300 millones de discos en todo el mundo. Julio Iglesias no solo pertenece a ese club, sino que lo encabeza entre los artistas latinos, convirtiéndose en el cantante en lengua española más vendido de todos los tiempos.

Desde su primer álbum en 1969 hasta sus grandes éxitos internacionales, su música ha cruzado fronteras, generaciones e idiomas. "Es imposible no encontrar un disco de Julio en cualquier hogar hispano del mundo", decía Gabriel García Márquez entre risas, "aunque no lo quieras, acaba sonando en una fiesta familiar".

Este volumen de ventas lo sitúa junto a leyendas como Elvis Presley, Michael Jackson, Madonna o The Beatles. Pero lo singular de Julio es que la mayoría de esos millones se deben a baladas, canciones de amor e interpretaciones suaves, sin necesidad de espectáculos estridentes ni reinvenciones radicales.

Julio supo construir una obra consistente, íntima, y de enorme alcance emocional. Su éxito se cimentó en la repetición, la cercanía y la constancia. "No tengo la mejor voz, pero tengo una forma muy mía de cantar el amor", dijo una vez con humildad.

A lo largo de su carrera, Julio Iglesias ha recibido más de 2.600 discos de oro y platino, una cifra asombrosa que refleja su éxito sostenido en diversos mercados. Ha sido número 1 en ventas en más de 80 países, desde España hasta Japón, desde Brasil hasta Turquía, pasando por Estados Unidos, Francia o China.

En Alemania, país históricamente exigente con la música extranjera, fue el artista no germano más vendido durante años. En Brasil, su portugués casi perfecto le abrió las puertas del mercado más difícil de América Latina. En Francia, fue el rostro de una nueva masculinidad romántica que reemplazó a los clásicos crooners franceses. "Julio canta como si tuviera el corazón roto todos los días", escribió el crítico Jean-Baptiste Baronian en *Le Monde*.

Entre los discos más premiados figuran *1100 Bel Air Place, Hey!, Julio, Momentos* y *Romantic Classics*. Su recopilatorio *Mi vida*, lanzado en 1998, vendió más de 6 millones de copias en menos de un año. Y su longevidad comercial no ha decrecido: muchos de sus álbumes clásicos se siguen reeditando, vendiendo y reproduciendo en plataformas digitales con cifras millonarias.

En 2013, Julio Iglesias recibió un Récord Guinness como el "artista latino con más discos vendidos en el mundo", reconocimiento que reafirmó lo que ya era evidente: ningún cantante hispano había llegado tan lejos. La entrega del galardón se realizó en Pekín, un gesto simbólico que mostraba que su éxito no tenía fronteras culturales ni lingüísticas.

Además, ha sido distinguido con múltiples Grammy Awards. Ganó su primer Grammy en 1988 por *Un hombre solo* como Mejor Álbum Pop Latino. En 2019, recibió el Grammy Lifetime Achievement Award, un reconocimiento a toda su carrera, entregado por la Academia de la Grabación de Estados Unidos. "Julio Iglesias ha contribuido de forma única y perdurable a la música global", decía la nota oficial.

Los Premios Billboard también le han rendido tributo: ha recibido galardones como Artista Latino de la Década, Premio a la Trayectoria, y ha sido introducido en el Salón de la Fama de Billboard Latino. Los Premios Lo Nuestro, organizados por Univisión, lo han premiado repetidamente, y en 2001 le otorgaron el Premio a la Excelencia.

En 1985, el entonces presidente de Francia, François Mitterrand, le otorgó la Legión de Honor, y en 1989 el gobierno español lo nombró Hijo Predilecto de Madrid. Su fama no solo fue artística: Julio Iglesias se convirtió en símbolo de prestigio cultural e identidad hispana.

Hasta la fecha, ha ofrecido más de 5.000 conciertos en 600 ciudades, ante más de 60 millones de espectadores. Y pese a haber limitado sus presentaciones desde 2018 por motivos de salud, su legado continúa presente en escenarios, listas de éxitos y hogares de todo el mundo.

"Me siento afortunado. He vivido de lo que amo, he cantado lo que sentía, y he llegado donde nunca imaginé", dijo en su 70 cumpleaños. Julio Iglesias no ha sido solo un artista récord: ha sido el rostro y la voz de un idioma, de una forma de sentir, de una época que aún canta con su acento.

10. El novio de España

A lo largo de su vida, Julio Iglesias no solo cultivó una carrera musical extraordinaria, sino también una fama de seductor incansable, una figura masculina que marcó generaciones con su imagen de caballero romántico y galán internacional. La prensa lo apodó durante décadas "el novio de España", pero el título parecía quedarle corto: era el novio del mundo.

Tras su separación de Isabel Preysler en 1978, Julio Iglesias vivió una intensa vida sentimental, muchas veces en la primera línea del espectáculo, otras en la discreción que solo los hoteles de lujo y los jets privados podían ofrecer. Entre sus romances más conocidos se encuentran Vaitiare Hirshon, actriz y modelo tahitiana; Virginia Sippl, ex Miss Austria y madre de uno de sus hijos reconocidos judicialmente; y Rania Thiele, joven alemana con la que mantuvo una relación en los años ochenta.

También se le atribuyeron vínculos con Verónica Varano, Giannina Facio —quien luego sería pareja de Ridley Scott—, y Miranda Rijnsburger, la mujer con quien finalmente encontró estabilidad y con quien tuvo cinco hijos más.

Cuando le preguntaban por su fama de mujeriego, Julio solía responder con una mezcla de ironía y sinceridad: "He amado mucho, y quizás mal. Pero nunca he fingido lo que no sentía". En una entrevista con *El País*, confesó: "Me arrepiento de no haber sido más fiel a mí mismo. He querido mucho, pero a veces no supe cómo demostrarlo".

La figura de Julio Iglesias no fue solo la de un cantante exitoso, sino también la de un icono sexual, una marca basada sobre la seducción elegante, en el misterio y en la insinuación. Su forma de vestir, su manera de mirar a cámara, su voz que rozaba el susurro: todo en él estaba diseñado —o naturalmente dispuesto— para fascinar.

"Julio convirtió el deseo en una industria", escribió el periodista Manuel Vicent. Su imagen fue utilizada en campañas de perfumes, en portadas de revistas internacionales, en anuncios de relojes, vinos, trajes y autos de lujo. Era el español deseado en París, São Paulo, Tokio o Nueva York, sin perder su acento ni su gesto melancólico.

En sus conciertos, las primeras filas eran ocupadas por mujeres que le lanzaban flores, pañuelos, ropa interior. Él respondía con sonrisas medidas, palabras en varios idiomas, y esa especie de carisma atemporal que lo hacía parecer siempre "el hombre ideal", el amante imposible, el eterno forastero del corazón.

Esa identidad pública —el cantante del amor, el conquistador elegante— fue parte esencial de su éxito. Pero también, como él mismo reconocería años después, una carga. "He vivido para gustar, y eso tiene un precio", confesó en una charla con la revista *Hola*. "A veces te pierdes en lo que los demás esperan de ti".

Julio Iglesias es, quizá, uno de los hombres más amados del mundo. Pero esa adoración multitudinaria no siempre se tradujo en felicidad personal. En entrevistas más íntimas, sobre todo después de cumplir los 70 años, mostró una faceta mucho más reflexiva. "He sido más querido que feliz. He dado mucho de mí, pero he tenido momentos muy solos", dijo en 2014 al diario argentino *La Nación*. Habló de sus ausencias como padre, de su relación distante con algunos de sus hijos mayores, del dolor que le provocó el suicidio de su padre espiritual, el doctor Carvajal, y de la presión constante de mantenerse como ídolo.

En esa misma entrevista, aseguró: "No me arrepiento de haber amado tanto. Pero quizás debí ser menos egoísta con quienes más me quisieron". Julio, el mito, el artista, el amante idealizado por millones, admitía al final del camino que la soledad también había sido su compañera fiel.

Con el tiempo, y especialmente con Miranda Rijnsburger, encontró una serenidad que no tuvo en sus años de fama desenfrenada. "Miranda me ha dado equilibrio. Me ha devuelto a la vida de verdad", aseguró.

Julio Iglesias vivió —y sigue viviendo— como pocos hombres en la historia del espectáculo. Pero en el fondo, como todo gran artista romántico, cantó su propia nostalgia, su propio anhelo, su propia búsqueda inacabada del amor duradero.

11. *Hijos no reconocidos: la historia oculta*

Julio Iglesias fue durante décadas el ídolo romántico por excelencia, el hombre que cantaba al amor con una voz que acariciaba. Pero tras la imagen pública impecable se escondía una compleja trama familiar que alcanzó su mayor punto de ebullición con el caso de Javier Santos, un valenciano que desde finales de los años noventa afirmó ser hijo biológico del cantante.

La historia comienza en 1975, cuando María Edite Santos, bailarina portuguesa, aseguró haber mantenido una relación con Julio Iglesias de la cual habría nacido su hijo Javier. A pesar de múltiples intentos por obtener el reconocimiento paterno, el artista siempre se negó a someterse a pruebas de ADN, invocando el derecho a su intimidad.

En 2017, casi cuatro décadas después del nacimiento de Javier, el caso volvió a los tribunales. El abogado del joven, Fernando Osuna, accedió a una muestra de ADN de uno de los hijos legalmente reconocidos de Julio, y los resultados fueron concluyentes: 99,9% de coincidencia genética. Aun así, la defensa de Iglesias se mantuvo firme en que "no había constancia de una relación estable ni pruebas de contacto sostenido".

Finalmente, en julio de 2019, un juzgado de Valencia declaró a Javier Santos como hijo biológico de Julio Iglesias, basándose sobre la prueba genética y en "una negativa reiterada del cantante a colaborar en el proceso judicial". Fue una de las pocas veces en que la ley quebró el blindaje del mito.

"Este proceso no es por dinero, sino por dignidad. Quiero que se reconozca quién es mi padre", declaró Santos a la prensa. La sentencia fue recurrida, pero el caso ya había entrado en la historia como una grieta visible en la fachada del ídolo.

Durante toda su carrera, Julio Iglesias cuidó meticulosamente su imagen pública. Su figura proyectaba éxito, clase, amor universal. Sin embargo, los asuntos familiares, especialmente los relacionados con los hijos extramatrimoniales, fueron una constante sombra que el artista prefirió mantener en silencio.

"He cometido errores como todos, pero también he intentado proteger mi mundo íntimo", dijo en una entrevista de 2001. Su postura siempre fue la de no polemizar. Nunca desmintió abiertamente, pero tampoco confirmó. La estrategia fue callar, desaparecer del foco, esperar que el tiempo diluyera el escándalo.

Lo curioso es que esta actitud, lejos de erosionar su popularidad, parecía reforzar su aura. El silencio alimentaba el misterio. Su negativa a dar explicaciones públicas fue entendida por muchos como una forma de proteger su legado. Por otros, como una falta de responsabilidad emocional.

Los hijos oficialmente reconocidos — Chábeli, Julio José, Enrique, y más tarde los cinco hijos con Miranda Rijnsburger— han seguido caminos distintos, pero siempre bajo la sombra de un padre ilustre, al que algunos retratan como afectuoso, y otros como distante y absorbido por su carrera.

El caso de Javier Santos abrió una puerta incómoda: ¿cuántos hijos más podría haber? Aunque los rumores han existido desde los años ochenta, nunca se ha confirmado públicamente la existencia de otros procesos judiciales similares. Algunos periodistas aseguran que hay al menos dos demandas más que nunca llegaron a juicio, posiblemente resueltas de manera privada.

Julio Iglesias ha optado por no responder. "Hay cosas que sólo el tiempo pone en su sitio", dijo una vez, enigmáticamente. Y el tiempo, en efecto, ha hecho su trabajo: ha convertido lo biológico en noticia, lo íntimo en asunto público, y ha sumado un capítulo más al mito complejo de un hombre que quiso cantar al amor sin rendir cuentas al pasado.

A sus más de ochenta años, y con su vida retirada de los escenarios, el artista convive con un legado ambivalente: una figura universal que fue voz de millones, y un hombre privado que eligió el silencio como escudo frente a las heridas del tiempo.

12. Enrique Iglesias: entre la distancia y el espejo

Enrique Iglesias nació el 8 de mayo de 1975 en Madrid, fruto del matrimonio de Julio Iglesias con Isabel Preysler. Era el menor de tres hermanos, y el que más huiría —literalmente— del peso del apellido. En los años 90, mientras Julio llenaba estadios en América Latina, Enrique crecía en Miami bajo la discreta protección de su niñera Elvira Olivares. En ese silencio se forjó un joven reservado que, sin embargo, decidió dedicarse al mismo oficio que su padre: cantar.

Pero no fue una continuación natural, sino una ruptura voluntaria. Enrique envió su primer demo con un seudónimo —"Enrique Martínez"— para evitar cualquier favoritismo. No quería la bendición ni la sombra. Quería su propia historia. "No quería que nadie me contratara porque fuera hijo de Julio Iglesias", declaró más tarde. Y lo logró: su primer álbum vendió más de un millón de copias en su primer año. Había nacido un nuevo fenómeno global.

Mientras tanto, Julio evitaba comentarios públicos extensos sobre su hijo menor. "Enrique es un hombre hecho a sí mismo. Y yo lo respeto profundamente", fue su frase más repetida. Nunca hubo desdén, pero sí una distancia cuidadosamente cultivada. El público, sin embargo, no pudo evitar establecer comparaciones constantes: el *crooner* contra el *popstar*, la balada clásica frente al ritmo digital, el padre elegante y el hijo informal.

En realidad, ambos compartían más de lo que querían reconocer: fama precoz, éxito internacional, dominio de varios idiomas, multitudes rendidas y una imagen global inconfundible. Si Julio fue el seductor de las décadas románticas, Enrique se convirtió en el ídolo milenial, el heredero rebelde de un linaje que nunca quiso aceptar del todo.

Las preguntas sobre la relación entre ambos se han repetido durante años. Y la respuesta oficial siempre ha sido similar: una mezcla de respeto, frialdad y distancia emocional. Enrique nunca negó que durante su adolescencia la relación con su padre fue escasa. "No crecí a su lado. Mis padres se separaron cuando yo era muy pequeño. No hubo muchos momentos compartidos", dijo en una entrevista con *Univisión*.

Julio, por su parte, respondió con cierta melancolía: "Cada hijo es libre. Enrique ha tomado sus decisiones, y le han salido bien". Nunca hubo un enfrentamiento público, ni declaraciones incendiarias, pero tampoco abrazos frente a las cámaras, colaboraciones musicales ni homenajes cruzados.

El periodista musical Leila Cobo lo resumió así: "Ambos eligieron triunfar en paralelo, como si el éxito de uno pudiera incomodar al otro". Y quizás así fue. Enrique llenó estadios sin el apellido, mientras Julio seguía siendo una leyenda viva. Cada uno con su público, su estilo y su mundo emocional.

Sin embargo, con el paso de los años, los signos de reconciliación han sido sutiles. Enrique ha reconocido que admira profundamente la carrera de su padre. "Mi respeto por lo que hizo Julio Iglesias es inmenso. Es uno de los más grandes. Nadie ha hecho lo que él logró en su momento", dijo en una entrega de premios.

Julio, por su parte, ha declarado que escucha y sigue el trabajo de Enrique, y que aunque no hablen seguido, "el amor entre padre e hijo es algo que no se borra".

Julio y Enrique Iglesias no representan solo dos etapas distintas de la música popular: son dos generaciones culturales, dos formas de entender la fama, el amor, la masculinidad y el arte. Julio construyó su imagen sobre la elegancia, la nostalgia, el control de los medios. Enrique, en cambio, surgió en la era del videoclip, el pop urbano, las redes sociales y la independencia creativa.

Donde Julio hablaba en entrevistas largas y pausadas, Enrique esquiva la prensa y prefiere comunicarse a través de sus canciones y sus silencios. Donde Julio cultivó una identidad de ídolo romántico, Enrique ha preferido mostrarse como un hombre común, incluso tímido. "Soy más reservado que mi padre. Nunca me sentí cómodo siendo el centro de atención", confesó a *Rolling Stone*.

Y sin embargo, ambos han marcado a millones. Entre ellos no hubo dueto, pero sí legado. El apellido Iglesias —aunque uno lo haya intentado ocultar— ha sido sinónimo de éxito global durante más de cinco décadas. Dos generaciones, sí. Pero también dos mundos que se reconocen en el reflejo, aunque no se abracen del todo.

13. Giras infinitas, escenarios históricos

Julio Iglesias no solo conquistó las listas de ventas, sino que llevó su voz a los rincones más insospechados del planeta. A lo largo de cinco décadas ininterrumpidas, ofreció más de 5.000 conciertos en más de 80 países, desde el Carnegie Hall de Nueva York hasta el estadio Maracaná en Brasil, desde teatros de provincias españolas hasta palacios de congresos en Asia.

"Yo no canto para el aplauso fácil, sino para mirar a los ojos de cada persona en la sala y tocar su alma", dijo en una entrevista concedida a *El Universal* de México. Y esa filosofía marcó su estilo en directo: sobrio, elegante, sin alardes físicos pero con una conexión emocional que parecía trascender idiomas y fronteras.

Julio supo, además, adaptar su repertorio y sus maneras a cada cultura. En Francia hablaba con galantería, en Brasil improvisaba en portugués, en Japón se inclinaba respetuoso y cantaba algunas frases en japonés. No era una estrategia comercial: era parte de su genio diplomático, de su instinto global.

"Julio Iglesias convirtió cada escenario en su hogar", escribió el crítico argentino Víctor Pintos, "y a cada público lo hizo sentir que cantaba sólo para él".

Si hubo un cantante español verdaderamente global, ese fue Julio Iglesias. Japón lo recibió por primera vez en los años setenta, cuando apenas comenzaba a traducir sus baladas al inglés y al francés. En Tokio, Osaka o Nagoya llenaba auditorios con fanáticos que entonaban "La Paloma" o "Hey" con acento nipón. Aún hoy, Japón sigue siendo uno de sus mercados más fieles.

En Filipinas, donde la herencia hispana resuena con fuerza, Julio fue un fenómeno de masas. Actuó varias veces en Manila, donde era considerado "un tesoro sentimental". El gobierno filipino incluso le concedió una distinción honoraria por su papel como embajador cultural del idioma español.

En Sudáfrica, su popularidad también sorprendió: cantó en Johannesburgo ante 40.000 personas en los años noventa, cuando su repertorio en inglés —que incluía clásicos como *To All the Girls I've Loved Before* o *When I Need You*— ya era parte del imaginario romántico de varias generaciones.

En cada una de esas geografías, Julio dejó una huella. "He sido un viajero con voz, un cronista del amor por el mundo", dijo una vez con tono melancólico. No fue un cantante latino exportado: fue un artista mundial que encontró una patria sentimental en cada país.

En los últimos años de su carrera, cuando muchos pensaban que se retiraría, Julio siguió de gira. Ya no con la frecuencia de antes, pero sí con una intensidad emocional que conmovía. En 2012, con casi 70 años, ofreció conciertos en Shanghái, Punta del Este, Bucarest, Moscú y Ciudad de México. "Mientras mi voz me siga obedeciendo y mis piernas me acompañen, seguiré cantando", declaró.

La última gran gira mundial fue entre 2015 y 2017, cuando celebró su medio siglo de carrera. Se presentó en lugares tan dispares como el Royal Albert Hall de Londres, el Movistar Arena de Chile, el Kremlin en Moscú y el Teatro Nacional de Santo Domingo. Cada función era una celebración de vida, de resistencia, de vigencia. Su repertorio, lleno de clásicos, era coreado por públicos de todas las edades.

Después de 2019, con la pandemia y el avance de la edad, sus apariciones se volvieron más esporádicas. Sin embargo, nunca anunció un retiro formal. En sus palabras: "No me gusta la palabra 'retiro'. Prefiero pensar que uno canta hasta que la vida le dice que ya cantó suficiente".

En República Dominicana, donde reside con su esposa Miranda Rijnsburger, ha disfrutado de una vejez dorada, lejos del foco constante, pero con la certeza de haber vivido todo lo que soñó. "Cerré el círculo. Canto cuando quiero, vivo con la mujer que amo y mis hijos me respetan. No puedo pedir más", dijo en una de sus últimas entrevistas.

Julio Iglesias no fue un artista que necesitara reinventarse: fue fiel a sí mismo durante toda su carrera, y el mundo lo entendió. Con cada gira, cada aplauso y cada escenario conquistado, construyó una de las trayectorias más universales de la historia de la música popular.

14. Premios, homenajes y eternidad

En 1985, el Ministerio de Cultura de España otorgó a Julio Iglesias la Medalla de Oro al Mérito en las Bellas Artes, uno de los máximos reconocimientos del país a creadores e intérpretes que han contribuido significativamente al enriquecimiento del patrimonio cultural. El galardón fue una forma oficial de saldar una deuda con un artista que, ya en ese momento, era embajador involuntario —y eficaz— de la cultura española en el mundo.

"España me dio la voz, y el mundo me dio los oídos. Pero siempre llevo mi tierra en el alma", dijo Julio al recibir la medalla. Y no era solo una frase diplomática: a pesar de haber residido gran parte de su vida fuera del país, su identidad española fue siempre el pilar emocional y estético de su carrera, visible en sus letras, su acento, sus homenajes a autores como Manuel Alejandro o Rafael de León.

El 1 de abril de 1985, Julio Iglesias fue inmortalizado en el Paseo de la Fama de Hollywood, convirtiéndose en el primer cantante español en recibir una estrella en el célebre boulevard californiano. Aquel día, rodeado de periodistas y admiradores de todo el mundo, declaró: "No es un sueño americano. Es un sueño humano".

Ese hito no solo confirmó su aceptación en el mercado anglosajón, tradicionalmente difícil para artistas latinos, sino que también simbolizó el reconocimiento de la industria del espectáculo global. Julio había roto fronteras culturales con algo tan intangible como su voz, y ese fragmento de estrella sellada en el suelo de Hollywood se convirtió en símbolo de una conquista cultural inusual y profunda.

La carrera de Julio Iglesias ha sido celebrada con doctorados honoris causa por instituciones de prestigio, como la Universidad de Boston (1995) y la Universidad de Berklee College of Music (2007). Este último reconocimiento fue especialmente significativo, dado que provenía de uno de los centros académicos más exigentes del mundo musical.

"Julio Iglesias ha llevado la música popular a una altura artística extraordinaria, y su impacto internacional es incuestionable", afirmó el rector al entregarle el título.

En Francia, fue nombrado Caballero de la Legión de Honor en 2015, la más alta distinción civil del país, concedida por decreto presidencial. El entonces presidente François Hollande lo definió como "una voz que ha unido continentes y generaciones, y ha hecho del idioma del amor un idioma universal". En agradecimiento, Julio exclamó en perfecto francés: "Je suis très honoré. La France est ma deuxième maison".

En América Latina, los homenajes han sido incontables. En México fue declarado Huésped Distinguido de la Ciudad de México, y recibió el Premio Lo Nuestro a la Excelencia en 1997. En Argentina, Venezuela, Colombia, Perú o Chile, ha sido condecorado en múltiples ocasiones por su contribución a la cultura hispanoamericana. "Julio no solo nos cantó, nos acompañó en nuestras vidas", dijo un presentador en Viña del Mar, donde fue premiado con la Gaviota de Plata y de Oro.

También en Estados Unidos recibió en 2019 el Lifetime Achievement Award de los Premios Grammy Latinos, por su carrera y su legado. En palabras de la Academia Latina de la Grabación: "Julio Iglesias abrió las puertas del mundo a la música latina mucho antes de que existiera una industria para ello".

Con más de 2.600 discos de oro y platino, cientos de premios y reconocimientos, Julio Iglesias no necesita presentación ni justificación ante la historia. Su legado está inscrito en el inconsciente musical de varias generaciones, en los idiomas del mundo, en los recuerdos de millones de oyentes. Como él mismo dijo: "La música no se mide por premios, sino por el corazón que la recuerda. Pero cuando llegan los reconocimientos, uno solo puede dar gracias".

Y es que no hay mejor resumen que ese para un hombre que hizo de su voz un puente entre culturas, un refugio emocional, un símbolo de elegancia y romanticismo. La eternidad lo aplaude, y el mundo lo sigue escuchando.

15. Julio Iglesias: marca, hombre y símbolo

Si bien su voz fue el origen de su imperio, Julio Iglesias comprendió pronto que la fama podía traducirse en legado económico y empresarial. Desde los años 80, empezó a diversificar sus inversiones y a construir un portafolio que lo ha convertido, con discreción, en uno de los artistas más acaudalados del mundo.

Invirtió con acierto en bienes raíces, especialmente en Florida y República Dominicana, donde posee extensas propiedades, residencias y terrenos turísticos. Fue uno de los impulsores del complejo de lujo Punta Cana Resort & Club, donde reside gran parte del año. Su mansión en Indian Creek, apodada por la prensa como "la isla de los millonarios", fue vendida en 2022 por más de 100 millones de dólares.

También puso su nombre en líneas de perfumes, vinos y productos gourmet, asociando su imagen a la elegancia, el deseo y el estilo de vida mediterráneo. Aunque nunca desarrolló una marca comercial tan masiva como otros artistas, su enfoque fue más selectivo y exclusivo: productos de gama alta, vinculados a su aura de distinción.

Como señaló *Forbes* en un reportaje de 2017: "Julio Iglesias ha sabido capitalizar su mito con astucia y moderación, convirtiendo la figura del cantante romántico en un modelo de gestión patrimonial internacional".

Julio fue siempre más que un intérprete: fue una imagen cuidadosamente esculpida, un ideal masculino que conjugaba romanticismo, misterio, virilidad y melancolía. Su rostro, sus trajes blancos, su sonrisa entre tímida y segura, construyeron un personaje que él mismo protegió con celo durante décadas. "Yo no he vendido sólo canciones. He vendido una emoción, una manera de estar, de amar, de mirar", dijo en una entrevista para *Paris Match*.

Esa imagen fue cultivada no solo en portadas de discos, sino en entrevistas, giras, sesiones fotográficas y relaciones públicas. Siempre medido, raramente polémico, Julio evitó el exceso de exposición en la era del escándalo mediático. Supo retirarse del centro cuando lo necesitó, y volver con fuerza cuando lo deseaba.

En redes sociales su presencia es mínima, lo cual paradójicamente ha reforzado su estatus mítico. No necesita publicar para ser recordado. Su voz, sus discos, sus gestos forman parte de un archivo emocional colectivo que trasciende generaciones.

Julio Iglesias es, sin discusión, el crooner latino más famoso del siglo XX y uno de los más grandes de la historia global de la música romántica. Junto a Sinatra, Aznavour o Tony Bennett, su nombre figura en la constelación de aquellos que convirtieron la canción en un acto íntimo, de confesión y seducción al oído.

Pero Julio fue más lejos. Mientras otros permanecieron anclados a sus idiomas o territorios, él rompió las barreras lingüísticas: cantó en inglés, francés, alemán, portugués, italiano, tagalo y japonés, y logró que su repertorio se escuchara en los cinco continentes.

Sus logros no pueden resumirse sólo en cifras, aunque estas asombran: más de 300 millones de discos vendidos, más de 2.600 discos de oro y platino, récords Guinness, premios Grammy, Billboard, Lo Nuestro, y un sinfín de homenajes. Pero su mayor victoria fue simbólica: convertirse en un emblema del amor cantado, en una voz que nunca necesitó de las modas para permanecer vigente. Como él mismo dijo alguna vez: "He sido muchas cosas, pero sobre todo, he sido una voz en la penumbra. Y mientras alguien quiera escucharla, ahí seguiré".

Julio Iglesias es marca. Es hombre. Es símbolo. Y es, para millones, una parte irremplazable del alma sonora del mundo.

EPÍLOGO

Cuando la voz se convierte en patria

Hay voces que pertenecen a un país y otras que terminan por pertenecer al mundo. Pero algunas, como la de Julio Iglesias, se convierten en patria en sí mismas: un territorio emocional donde millones encontraron refugio, deseo, consuelo o belleza.

Durante más de medio siglo, su voz inconfundible —rasgada, elegante, envolvente— ha sido una constante en el mapa sentimental de varias generaciones. Cantó al amor con la pasión de un adolescente y la melancolía de un sabio. Lo hizo en español, pero también en inglés, francés, italiano, portugués, alemán, japonés o tagalo, como si cada idioma fuera una casa nueva para la misma emoción. Como si pudiera hablarle al mundo entero desde su centro.

"Una voz que no se parece a ninguna otra", escribió un crítico francés, "porque no viene del canto, sino del alma". Esa fue siempre su singularidad: Julio no cantaba perfecto, cantaba personal. Y eso fue suficiente para convertirlo en mito.

El repertorio de Julio Iglesias es, simplemente, uno de los más vastos y duraderos de la historia de la música popular. Desde *La vida sigue igual* hasta *To All the Girls I've Loved Before*, pasando por *Hey, Me olvidé de vivir, Un canto a Galicia, Lo mejor de tu vida* o *Abrázame*, su discografía es un archivo de emociones humanas traducidas en melodía.

Vendió más de 300 millones de discos, obtuvo más de 2.600 certificaciones de oro y platino, y ofreció más de 5.000 conciertos en 80 países. Su nombre figura en el Libro Guinness como el artista latino más vendido de todos los tiempos. Pero más allá de las cifras, su influencia fue cultural: abrió las puertas de la música latina en los mercados más exigentes del planeta, cuando aún no existía lo que hoy se conoce como "boom latino".

Donde antes hubo fronteras, él puso puentes. Donde hubo idioma, puso emoción.

Aunque residiera fuera de España, aunque su vida se repartiera entre Miami, Punta Cana, París o Manila, Julio Iglesias siempre fue, en esencia, profundamente español. Lo fue en su acento, en su temperamento, en su nostalgia, en la manera de mirar y en la forma de cantar. Su figura encarnó una versión moderna del *hidalgo romántico*, mezcla de galantería y pudor, de orgullo y ternura.

"España me parió, el mundo me crió, pero yo nunca dejé de ser ese chico que soñaba en Madrid", declaró en una entrevista. Y no exageraba. Cantó a su país desde la distancia con una fidelidad que no necesitó banderas. En *Un canto a Galicia*, una canción escrita en gallego, rescató la raíz familiar de su padre. En *Me va, me va*, celebró lo popular con ironía y cariño. Y en cada uno de sus conciertos, incluso en los más internacionales, siempre hubo un gesto, una palabra, una mirada que devolvía el protagonismo a su tierra natal.

Julio fue, sin quererlo, un embajador cultural. Uno de los rostros —y las voces— que redefinieron la imagen de España en el exterior durante la segunda mitad del siglo XX.

Ser mito tiene un precio. Julio Iglesias fue muchas veces prisionero de su propia leyenda: el eterno seductor, el caballero impecable, el hombre que parecía no fallar nunca. Pero detrás del ídolo hubo también un hombre: exigente hasta el extremo, disciplinado al límite, reservado hasta la invisibilidad, y marcado por silencios que nunca fueron confesados del todo.

Vivió romances, rupturas, distancias con sus hijos, enfrentamientos legales, especulaciones mediáticas. Pero nunca permitió que el escándalo opacara la música. Su discreción fue su escudo. Su control, su marca.

En lo económico, su legado es también monumental: bienes raíces en Miami, República Dominicana y Marbella, inversiones en turismo, perfumería, hostelería. Según *Forbes*, su patrimonio supera ampliamente los 800 millones de euros. Pero ni siquiera esa cifra explica el verdadero valor de su figura. Porque el capital de Julio Iglesias no es sólo material: es emocional, cultural, simbólico.

A medida que envejece, su figura se vuelve más etérea, más inmortal. Ya no aparece en los medios con frecuencia, sus conciertos son cada vez más esporádicos, y su vida transcurre entre el mar, el piano y los recuerdos. Pero su legado sigue creciendo en el imaginario colectivo. Nuevas generaciones descubren sus canciones en plataformas digitales, y artistas jóvenes lo citan como referencia de elegancia y autenticidad.

En 2023, al ser preguntado sobre su retiro, respondió: "Cuando canto, no soy viejo. Soy el mismo de siempre, con más años en el alma. Pero la voz, esa todavía quiere salir".

Y lo cierto es que hay voces que no mueren nunca. Porque no están hechas de cuerdas vocales, sino de historia, de emoción, de identidad compartida. Julio Iglesias no fue solo un cantante: fue una época, un estado de ánimo, un símbolo del amor como lenguaje universal.

Y por eso, cuando su voz suena —aunque hayan pasado décadas— algo en nosotros recuerda quiénes fuimos, qué sentimos, y cómo era el mundo cuando creíamos que el amor podía durar para siempre.

Esa es su patria. Y también la nuestra.

APÉNDICES

A. Cronología de vida y carrera

1943

- Nace Julio José Iglesias de la Cueva el 23 de septiembre en Madrid, en plena posguerra española.

1960–1963

- Juega como portero en el equipo juvenil del Real Madrid y en el Castilla, filial del club blanco.

1963

- Sufre un accidente de tráfico grave en la carretera de Majadahonda que lo deja semiparalítico. Comienza su rehabilitación y aprende a tocar la guitarra durante la convalecencia.

1968

- Gana el Festival Internacional de la Canción de Benidorm con *La vida sigue igual.*
- Firma contrato con Discos Columbia. Publica su primer álbum.

1970

- Representa a España en Eurovisión con *Gwendolyne,* quedando en cuarta posición.

1971–1976

- Conquista el mercado europeo, especialmente Francia, Alemania e Italia, con éxitos como *Un canto a Galicia*, *Manuela* y *Soy*.
- Su figura se convierte en sinónimo del romanticismo latino.

1979

- Se traslada a Miami y firma con CBS International para lanzar su carrera en el mercado anglosajón.
- Lanza *Emociones*, uno de sus discos más exitosos en Latinoamérica.

1981–1984

- Se consagra en América Latina y EE.UU.
- Publica *Momentos*, que se convierte en uno de los álbumes latinos más vendidos de la historia.
- En 1984, graba *To All the Girls I've Loved Before* con Willie Nelson.
- El disco *1100 Bel Air Place* lo catapulta al mercado global.

1985–1995

- Realiza giras mundiales. Graba en francés, italiano, portugués, alemán y japonés.
- Colabora con Diana Ross, Paul Anka, Dolly Parton, entre otros.

1997

- Se convierte en el primer artista extranjero en vender un millón de copias en China.

2001

- Recibe el premio Grammy Latino a la Excelencia Musical.

2003

- Se le concede la Medalla de Oro al Mérito en las Bellas Artes del gobierno español.

2011

- Recibe el Billboard Lifetime Achievement Award.

2013

- Publica *1*, un álbum recopilatorio de sus grandes éxitos regrabados.

2015–2020

- Continúa con giras selectas por Asia, Europa y América.
- Ofrece conciertos en Japón, Sudáfrica y Turquía, con llenos totales.

2023

- Se retira parcialmente de los escenarios, aunque no descarta nuevas grabaciones.

B. Discografía completa y versiones internacionales

Álbumes de estudio, en español, inglés y otros idiomas – ordenados cronológicamente

En español (álbumes principales)

- 1969 – *Yo canto*
- 1970 – *Gwendolyne*
- 1971 – *Por una mujer*
- 1972 – *Un canto a Galicia*
- 1973 – *Soy*
- 1974 – *A flor de piel*
- 1975 – *El amor*
- 1976 – *America*
- 1977 – *A mis 33 años*
- 1978 – *Emociones*
- 1980 – *Hey!*
- 1982 – *Momentos*
- 1985 – *Libra*
- 1987 – *Un hombre solo* (con Manuel Alejandro)
- 1990 – *Starry Night* (en inglés, grandes estándares)
- 1992 – *Calor*
- 1995 – *La carretera*

- 1996 – *Tango*
- 2000 – *Noche de cuatro lunas*
- 2011 – *1 (Uno)* – recopilatorio con regrabaciones

En inglés

- 1981 – *Begin the Beguine*
- 1984 – *1100 Bel Air Place*
- 1988 – *Non Stop*
- 1990 – *Starry Night*
- 1994 – *Crazy*

En francés

- *A vous les femmes*
- *En français...* (recopilatorios y versiones adaptadas)

En italiano

- *Da Manuela a Pensami*
- *Tutto l'amore che ti manca*
- Diversos recopilatorios con adaptaciones.

Otros idiomas y versiones notables

- En portugués: *Ao Meu Brasil* (1994)
- En alemán y japonés: versiones sueltas de grandes éxitos como *Quiereme mucho* y *La Paloma*
- En tagalo: colaboraciones y versiones adaptadas para el mercado filipino.

C. Colaboraciones y duetos legendarios

A lo largo de su carrera, Julio Iglesias ha colaborado con algunas de las voces más reconocidas del panorama internacional, consolidando así su lugar como uno de los artistas más universales del siglo XX. Estos duetos no sólo ampliaron su proyección global, sino que reforzaron su imagen como crooner romántico y sofisticado, capaz de adaptarse a diferentes géneros e idiomas sin perder su esencia.

Duetos emblemáticos (selección)

- Willie Nelson – *To All the Girls I've Loved Before* (1984) Su dúo más famoso. Número 1 en países de América y Europa. Lo consagró en el mercado anglosajón. "Fue un honor cantar con un caballero", dijo Nelson.
- Diana Ross – *All of You* Balada sensual que alcanzó las listas de éxitos en EE.UU. y Europa. Una de las colaboraciones más recordadas por su elegancia.
- Stevie Wonder – *My Love* Mezcla de soul y bolero que unió dos estilos distintos en una canción luminosa.

- Paul Anka – *Les Filles de Paris / Me va, me va* Grabaciones en varios idiomas. Gran éxito en Canadá y Francia.

- Frank Sinatra – No llegaron a grabar un tema conjunto, pero Sinatra dijo de él: *"Julio tiene lo que todos querríamos: estilo, clase y esa forma de hablarle al corazón".*

- Placido Domingo y José Carreras – *La vida sigue igual* (versión con los tres tenores)

- Sting – Participación en proyectos solidarios y homenajes musicales.

- Thalía, Alejandro Fernández, Andrés Calamaro, Lucía Méndez, Nana Mouskouri, Mireille Mathieu – Diversas colaboraciones en español, italiano y francés.

Álbumes recopilatorios con dúos y colaboraciones

- *Julio Iglesias y sus amigos* (1984)
- *My Life: The Greatest Hits* (1998)
- *Julio Iglesias: Duets* (2015)

Estas colaboraciones evidencian su capacidad para trascender géneros, idiomas y estilos, siempre con el amor como lenguaje universal.

D. Premios, discos de oro y reconocimientos oficiales

Julio Iglesias ha recibido una cantidad abrumadora de premios, récords y distinciones a lo largo de su carrera. No sólo ha sido reconocido por la industria musical, sino también por instituciones culturales, gobiernos y organismos internacionales, que han celebrado su impacto artístico y su papel como embajador de la música en español.

Premios más destacados

- Grammy Award (1988) – *Mejor Álbum Pop Latino* por *Un hombre solo*
- Latin Grammy a la Excelencia Musical (2001)
- Billboard Lifetime Achievement Award (2011)
- World Music Award (1995) – *Artista latino con mayores ventas de todos los tiempos*
- Lo Nuestro a la Excelencia (1993)
- Premio Ondas Internacional de la Música (España, 1983)

Discos de oro y platino

- Más de 2.600 discos de oro y platino otorgados por ventas en más de 80 países.
- Primer artista extranjero en obtener disco de diamante en Francia (1990).
- *Momentos* y *1100 Bel Air Place* son dos de los álbumes más premiados de su carrera.

Récords Guinness y marcas históricas

- Récord Guinness (1983) – *Artista latino con más discos vendidos en el mundo.*
- Supera los 300 millones de discos vendidos a nivel global.
- Uno de los 10 artistas más vendedores de todos los tiempos, junto a The Beatles, Elvis Presley y Michael Jackson.

Reconocimientos oficiales y estatales

- Medalla de Oro al Mérito en las Bellas Artes (España, 2003)
- Legión de Honor de Francia (Caballero, 2007)
- Estrella en el Paseo de la Fama de Hollywood (1985)

- Doctor Honoris Causa por la Universidad de Berklee (Boston, EE.UU., 1995)
- Ciudadano Honorífico de varias ciudades en Latinoamérica y Asia
- Distinciones culturales de gobiernos de Filipinas, Japón, República Dominicana y Brasil.

E. Bibliografía y fuentes documentales

Anka, Paul. *My Way: An Autobiography.* New York: St. Martin's Press, 2013.

Antón, Jacobo Celnik. *La balada de los elefantes: historia y leyenda de los crooners.* Bogotá: Editorial Planeta, 2018.

Bosé, Lucía. *El amor y el arte.* Madrid: Espasa, 2015.

Campos, Javier. *Julio Iglesias: vida y pasión.* Barcelona: Grijalbo, 1994.

Carrillo, Alfonso. *Los secretos de los famosos.* Madrid: Esfera de los Libros, 2009.

Castro, Donald S. *The Latin American Singer and Identity.* New York: Routledge, 2001.

Iglesias, Julio. *Entre el cielo y el infierno.* Miami: Santillana USA, 2006.

López, Nuria. *La familia Iglesias: del mito al imperio.* Barcelona: Ediciones B, 2010.

Martínez, Antonio. *Los 70 a ritmo de canción.* Madrid: Alianza Editorial, 2021.

Morales, Enrique. *El fenómeno Julio Iglesias.* Caracas: Monte Ávila Editores, 1985.

Nelson, Willie. *It's a Long Story: My Life.* New York: Little, Brown and Company, 2015.

Puga, Julio Iglesias. *Así fue.* Barcelona: Plaza & Janés, 2005.

Riera, Emilio. *Canciones que cambiaron nuestra vida.* Madrid: Sílex Ediciones, 2017.

Rodríguez, Ana. *Ídolos del pop latino.* Ciudad de México: Fondo de Cultura Económica, 2008.

Ruiz, María del Mar. *Cultura y espectáculo en la España del siglo XX*. Granada: Comares, 2016.

Sánchez, Tomás. *Julio Iglesias: el hombre y la leyenda*. Barcelona: Temas de Hoy, 2002.

Torres, Luis. *La industria de la música latina en Estados Unidos*. Miami: Ediciones Universal, 1999.